Collection Crabtree « Les racines »

NOS AMIS LES ANIMAUX DE LA FERME

LES MOUTONS

AMY CULLIFORD

CRABTREE
Publishing Company
www.crabtreebooks.com

Soutien de l'école à la maison pour les gardien(ne)s et les enseignant(e)s.

Ce livre aide les enfants à se développer grâce à la pratique de la lecture. Voici quelques exemples de questions pour aider le(a) lecteur(-trice) à développer ses capacités de compréhension. Des suggestions de réponses sont indiquées en rouge.

Avant la lecture

- De quoi ce livre parle-t-il?
    - *Ce livre parle des moutons.*
    - *Ce livre parle des moutons vivant sur une ferme..*
- Qu'est-ce que je veux savoir sur ce sujet?
    - *Je veux savoir quel cri fait un mouton.*
    - *Je veux savoir de quelles couleurs peut être un mouton.*

Durant la lecture

- Je me demande pourquoi...
    - *Je me demande pourquoi certains moutons sont de couleurs différentes.*
    - *Je me demande pourquoi certains moutons ont des cornes.*
- Qu'est-ce que j'ai appris jusqu'à présent?
    - *J'ai appris que les moutons vivent sur les fermes.*
    - *J'ai appris que les moutons pouvaient être gros ou petits.*

Après la lecture

- Nomme quelques détails que tu as retenus.
    - *J'ai appris que certains moutons ont des cornes.*
    - *J'ai appris que les moutons peuvent être de couleurs différentes.*
- Lis le livre à nouveau et recherche des mots de vocabulaire.
    - *Je vois le mot* ***ferme*** *à la page 5 et le mot* ***cornes*** *à la page 12. Les autres mots de vocabulaire se trouvent à la page 14.*

Voici un **mouton**.

Ces moutons vivent sur une **ferme**.

Certains moutons sont gros.

Certains moutons sont petits.

Les moutons peuvent être blancs, bruns ou noirs.

Certains moutons ont des **cornes**.

Tous les moutons font : *bêêê*!

Liste de mots

Les mots utilisés

bêêê
blancs
bruns
certains
ces
des
être
font
gros
les
noirs
ont
ou
petits
peuvent
sont
sur
tous
un
une
vivent
voici

La boîte à mots

cornes

ferme

mouton

35 mots

Voici un **mouton**.

Ces moutons vivent sur une **ferme**.

Certains moutons sont gros.

Certains moutons sont petits.

Les moutons peuvent être blancs, bruns ou noirs.

Certains moutons ont des **cornes**.

Tous les moutons font : bêêê!

NOS AMIS LES ANIMAUX DE LA FERME

LES MOUTONS

CRABTREE Publishing Company

Autrice : Amy Culliford
Conception : Rhea Wallace
Développement des séries : James Earley
Conseillère pédagogique : Christina Lemke M.Ed.
Traduction : Claire Savard

Photographies :
Shutterstock : NPDstock : couverture (haut à gauche); Menna : couverture (haut à droite); Laurinson Crusoe : couverture (bas); Amy K. Mitchell p. 1; Pete Pahham : p. 3, 14; Zane Vergara : p. 4, 14; Natelle : p. 7; Alexey Stiop : p. 9; FooTToo : p. 10-11; wk1003mike : p. 12; fotorauschen : p. 13

Catalogage avant publication de Bibliothèque et Archives Canada

Titre: Les moutons / Amy Culliford ; traduction : Claire Savard.
Autres titres: Sheep. Français.
Noms: Culliford, Amy, 1992- auteur.
Description: Mention de collection: Nos amis les animaux de la ferme | Collection Crabtree "Les racines" | Traduction de : Sheep.
Identifiants: Canadiana (livre imprimé) 20210129662 | Canadiana (livre numérique) 20210129670 | ISBN 9781427136336 (couverture souple) | ISBN 9781427139511 (EPUB) | ISBN 9781427137012 (HTML)
Vedettes-matière: RVM: Moutons—Ouvrages pour la jeunesse.
Classification: CDD j636.3—dc23

Crabtree Publishing Company

www.crabtreebooks.com 1-800-387-7650

Imprimé au Canada / 022021 / CPC

Publié aux États-Unis par
Crabtree Publishing
347 Fifth Avenue, Suite 1402-145
New York, NY, 10016

Publié au Canada par
Crabtree Publishing
616 Welland Ave.
St. Catharines, Ontario L2M 5V6